ELISABETH FISCHER

10-Minuten-Snacks

Liebstöckel

- *Synonym:* Maggikraut
- *Geschmack/Aroma:* ähnlich wie Maggiwürze
- *Verwendung für:* Suppen, Eintöpfe, Saucen, Fleisch
- *Bemerkungen:* Blätter wegen des intensiven Geschmacks nur sparsam verwenden. In Suppen und Eintöpfen kocht man sie mit.

Majoran

- *Geschmack/Aroma:* stark würzig
- *Verwendung für:* Wurstherstellung, Salate, Pasteten, Terrinen, Fleisch, Fisch, Geflügel, Kartoffelgerichte, Eintöpfe
- *Bemerkungen:* Majoran wird mitgekocht. Das Kraut behält auch getrocknet seine starke Würzkraft.

Minze

- *Synonym:* Pfefferminze
- *Geschmack/Aroma:* kräftig frisch
- *Verwendung für:* Salate, Süßspeisen, Soßen, Fleischgerichte
- *Bemerkungen:* Minze eignet sich sehr gut zum Dekorieren von Eis, Dessert und Drinks; sie kann auch gefroren verarbeitet werden.

Oregano

- *Synonym:* Wilder Majoran, Dost
- *Geschmack/Aroma:* peffrig-scharf
- *Verwendung für:* italienische Küche (Pizza, Minestrone), Saucen, Salate, Käse, Suppen, Fleischgerichte
- *Bemerkungen:* Kraut wird mitgekocht; macht fette Speisen bekömmlicher.

Salbei

- *Synonym:* Gartensalbei
- *Geschmack/Aroma:* sehr würzig, leicht bitter
- *Verwendung für:* Fisch- und Fleischgerichte, Nudelgerichte, Suppen, Saucen
- *Bemerkungen:* Salbeiblätter werden mitgekocht, sollten aber wegen des intensiven Geschmacks nur sparsam verwendet werden.

Schnittlauch

- *Geschmack/Aroma:* würzig, wie frische Zwiebeln
- *Verwendung für:* Salate, Eier, Fleisch- und Quarkspeisen, Kartoffelgerichte, Saucen, Suppen
- *Bemerkungen:* Schnittlauch nur frisch verwenden; beim Kochen verliert er den Geschmack und viele Vitamine.

Thymian

- *Synonym:* Gartenthymian, Römischer Quendel
- *Geschmack/Aroma:* kräftig würzig
- *Verwendung für:* Fleisch, Fisch, Wild, Eintopf- und Kartoffelgerichte, Schafs- und Ziegenkäse, Kräuteressig
- *Bemerkungen:* Das beliebte Küchengewürz kann mitgekocht werden, sollte aber besser sparsam eingesetzt werden.

Zitronenmelisse

- *Synonym:* Melisse
- *Geschmack/Aroma:* zitronenähnlich
- *Verwendung für:* Salate, Tomaten, Quark, Fisch- und Fleischgerichte, Süßspeisen
- *Bemerkungen:* Zitronenmelisse wird nicht mitgekocht. Sie ist wegen ihres zitronenartigen Geschmacks sehr beliebt und eignet sich gut zum Dekorieren.

ELISABETH FISCHER

10-Minuten-Snacks

NEUE VEGETARISCHE KÜCHE

Mosaik

Bildnachweis:
Titelfoto: Karl Newedel
Bavaria-Bildagentur Seite 5
Alle anderen Fotos: Karl Newedel
Unter Mitarbeit von Kerstin Groh, Anneliese Hoppe, Walter Lutz

Redaktionsleitung: Halina Heitz
Redaktion: Hanna Forster
Bildredaktion: Helga August
Layout und DTP: Filmsatz Schröter GmbH, München
Umschlaggestaltung: Design Team München
Reproduktionen: Artilitho, Trento
Druck und Bindung: Egedsa, Barcelona
Printed in Spain

ISBN 3-576-11255-3

INHALT

Schnell kochen fängt beim Einkauf an

Je besser die Zutaten sind, um so weniger Arbeit müssen Sie in das Essen investieren. Darum perfektionieren Sie Ihren Einkauf; Sie sparen damit viel Zeit. Finden Sie in Ihrer Nähe den Supermarkt, der das beste Angebot an Frischprodukten hat, den Gemüsehändler und das Käsegeschäft mit dem gepflegtesten Sortiment. Erkunden Sie auch die Bauernmärkte. Immer mehr Biobauern bieten dort ihre auf natürliche Art hergestellten Produkte an. Ganz nebenbei macht so ein samstäglicher Marktbummel mit anschließendem Cafébesuch auch Spaß.

Bleiben Sie beim Einkauf immer kritisch, lassen Sie sich nicht mit Zweitklassigem abspeisen. Ihr Ziel ist es, mit wenig Aufwand köstlich zu essen. Dafür sind die besten Zutaten gerade gut genug.

So ein Käse

Käse ist eine Hauptzutat der Minutensnacks. Naturgereifter Käse schmeckt pur aufs Brot, schmilzt auf Toasts und in knusprigen Tortillas. Käse kommt fein gerieben in pikante Aufstriche, wird über Suppen und Nudeln gestreut.

Wenn Sie Käse im Kühlschrank haben, müssen Sie sich um das nächste Essen keine großen Gedanken machen. Finden sich noch Emmentaler, eine Paprikaschote und zwei Tomaten, dann haben Sie in spätestens 10 Minuten einen bunten Käsesalat auf dem Tisch, gewürzt mit fein gehackten Zwiebeln, Essiggurken und tiefgekühlten Kräutern.

Käse wird nie langweilig, dazu ist das Angebot zu überwältigend. Cremiger Gorgonzola und schmelzend milder Fontina aus Italien, würziger Bergkäse aus Tirol, Schafskäse aus Griechenland, Käse aus Spanien, Holland, Dänemark und Irland. Immer wieder gibt es neue Sorten zu entdecken, neue Zutaten, die Abwechslung in die 10-Minuten-Küche bringen.

Tomaten, an der Staude errötet

Auch die Natur nimmt Ihnen Arbeit ab. Kaufen Sie Obst und Gemüse, das gerade Saison

hat, möglichst aus der nächsten Umgebung. Denn je kürzer der Weg des Gemüsebauern zum Markt ist, um so länger kann die Tomate am Strauch erröten und ihr unvergleichliches, von Menschenhand niemals herstellbares Aroma entwickeln.

Tomaten mit gegrilltem Ziegenkäse sind ein gutes Beispiel dafür, wie durch gezielten Einkauf die Arbeit minimiert und das Geschmackserlebnis optimiert wird, auch wenn Sie für mehrere Personen kochen. Die Tomaten in dünne Scheiben schneiden und auf einer Platte anrichten. Nehmen Sie hierfür nicht die allergrößten Tomaten, sondern die kleinen, kugelrunden, mit dem saftigen, süßlichen Fruchtfleisch. Ziegenkäse, diesen cremigen, französischen Ziegencamembert, in 2 cm dicke Scheiben schneiden, unter dem Grill kurz gratinieren, bis die Oberfläche kleine braune Pünktchen bekommt und der Käse am Rand zu schmelzen beginnt. Den Käse auf die Tomaten legen, alles mit einigen Tropfen erstklassigem kaltgepreßten Olivenöl beträufeln. Mit frisch gemahlenem, schwarzem Pfeffer, Basilikumblättchen und Kalamataoliven bestreuen.

Wenn Sie Lust auf geringfügig mehr Arbeit haben, dann können Sie anstatt des Olivenöls den Kräuterpesto (S. 20) über Tomaten und Käse geben. Dazu reichen Sie natürlich Brot mit flaumigem Innenleben und krachend knuspriger Kruste.

Täglich Brot

Wenn ich kein gutes Brot im Haus habe, neige ich zu Verdrossenheit. Denn Brot ist keine vernachlässigbare Nebensache. Brot ist die energieliefernde Grundlage der meisten Snacks. Mit irgendeinem Brot aus irgendeinem Supermarktregal kann die schnelle Küche nicht wirklich schmecken. Sie sollten sich beim Essen nicht mit Mittelmäßigem zufrieden geben – manchmal muß man zum Purist werden. Gutes Brot ist ein Naturprodukt und enthält nur Mehl, Sauerteig oder Hefe, Gewürze und Wasser. Probieren Sie die Bäcker in Ihrer Gegend durch. Es lohnt sich.

Brot läßt sich gut einfrieren. Sehr praktisch für die schnelle Küche ist in Scheiben geschnittener Vollkorntoast. Sie können je nach Bedarf die einzelnen Scheiben entnehmen und müssen diese vor dem Toasten nicht auftauen.

Mein wunderbarer Mitnehm-Snack

Kaum jemand nimmt sämtliche Mahlzeiten des Tages am eigenen Eßtisch ein. Im Gegenteil, die meisten essen kaum zu Hause, sondern in der Schule, bei der Arbeit, an ihrem Schreibtisch im Büro oder mal zwischendurch im Personalzimmer: Leberkäsesemmeln vom Metzger nebenan, das schnelle Tiefkühlmenü in der Kantine, eine Packung Kekse, Pommes mit Ketchup.

Diese Unterwegs-Verpflegung wird auf die Dauer ziemlich öde, fördert nicht gerade die gute Laune und die Leistungsfähigkeit schon dreimal nicht. Was kann aufbauend sein an der fünfhundertdreiundvierzigsten Pizzaschnitte und dem nächsten Schokoriegel. Pickel bekommt man obendrein von all dem Fett und zu viel Zucker, ganz zu schweigen von den unerwünschten Pfunden, die sich still und heimlich in der Leibesmitte breit machen. Aber gibt es eine Alternative dazu?

Die bewährten belegten Brote, eingewickelt in Pergamentpapier, gut verschlossen in einer Blechdose, sind out. Irgendwie nicht cool, diesen hausbackenen Proviant vor den Augen kritischer Mitmenschen auszuwickeln.

Eigentlich jammerschade, denn lecker belegte »Sandwiches« (– das hört sich bereits viel pfiffiger an als Stullen) könnten eine willkommene Abwechslung sein in dieser Fast-Food-Wüste, welche die meisten jeden Tag durchqueren.

Sollen die belegten Brötchen wieder gesellschaftsfähig werden, müssen sie auch optisch etwas hermachen. Besonders das Pausenbrot der Schulkinder muß den Vergleich mit den grell bunten Fertigsnacks aushalten. Darum immer etwas Frisches auf die Brötchen geben, ein Salatblatt, Gurkenscheiben, Paprikastreifen. Das muntert auf und erinnert an die allgegenwärtigen Burger, aus welchen ebenfalls das

Grünzeug blitzt. Beliebt sind Aufstriche auf der Basis von Magerquark. »Muß das sein? Magerquark!«, werden Sie jetzt wahrscheinlich stöhnen. Was sich so trist und nach Verzicht anhört, entpuppt sich nach dem ersten Kosten als leckere, pikante Cremes, aus der kein Kind (auch kein Erwachsener) die Gesundheit herausschmeckt. Das fast fettfreie Milchprodukt wird z.B. mit fein geriebenem Käse, fein gehackten Essiggurken, Kapern, Senf und Gewürzen vermischt oder mit Erdnußmus, ein paar Tropfen Sojasauce, fein geriebenem Ingwer, Zitronensaft und Kräutern.

Knusprige Brötchen mit diesen pikanten Cremes schmecken würzig lecker und haben trotzdem wenig Kalorien – ein bekömmlicher, schlanker Snack. Variieren Sie auch die Brotsorten: Knuspriges Baquette, Brötchen mit Sesam oder Kürbsikernen und so oft wie möglich die Vollkornversion, denn Brot aus dem ganzen Korn gibt Energie und steigert die Leistungsfähigkeit.

In den Zeiten der perfekt schließenden Plastikbehälter kann das Repertoire problemlos erweitert werden. Salate, die nicht gleich schlapp machen und lange appetitlich knackig bleiben. Gefüllte Gemüse, Käse, pikant eingelegt, marinierter Tofu, aber auch fruchtig Süßes mit Joghurt und Nüssen. Zugegeben, in der Früh dauert es ein paar Minuten länger, bis der Snack gut verpackt in der Tasche verschwindet. Dafür sparen Sie aber Zeit in der Mittagspause. Während andere an der Theke Schlange stehen und auf den Einheitsbrei warten, packen Sie genüßlich Ihr Essen aus.

Snacks für Unterwegs

- Pikanter Erdnußquark (S. 23) mit Gurkenscheiben und Paprikastreifen auf Vollkornbrötchen, Mandarinen
- Paprika »Santorini« (S. 14), gefüllt mit Schafskäsecreme, Fladenbrot, Weintrauben
- Mozzarella mit sonnigem Kräuterpesto (S. 20), Baquette, Kirschen
- Rosaroter Nudelsalat (S. 50) mit hartgekochtem Ei, Birne und Datteln
- Tofu-Sesam-Brötchen (S. 18), Erdbeerkaltschale (S. 90)
- Fruchtiger Käsesalat mit Chicorée (S. 46), Roggenbrötchen
- Frühlingseier (S. 33, die ganzen Radieschen mitnehmen), feines Weizenvollkornbrot, Banane

Die richtige Würze

Schaffen Sie sich einen kleinen Vorrat an diesen Würzmitteln an:

Essiggurken, Kapern, grüner Pfeffer, eingelegte Chilis
– fein gehackt für Käse- und Tofucremes, pikante Salatsaucen, Salsas für Toasts und Tortillas

Tiefgekühlte Kräuter, Petersilie, Dill, Basilikum, Kräutermischungen
– für Aufstriche, Häppchen, Salate, Saucen

Verschiedene Senfsorten von süß bis scharf
– für Aufstriche, Salatsaucen

Oliven, getrocknete Tomaten
– für Käsecremes, Salate, Toasts, Häppchen

Sojasauce
– für Asia-Snacks, z. B. Tofu-Sandwich, Sprossensalat, Misosuppe, Nudeln

Ein Buffet mit 10-Minuten-Happen

Für ein Fest in den eigenen vier Wänden gibt es immer einen Anlaß: Geburtstag, neue Wohnung, lange Winterabende, Lust auf Jubel, Trubel, Heiterkeit. Wer nicht viel Zeit für Vorbereitungen und keine Lust aufs Abspülen hat, bewirtet seine Gäste mit einem kalten Buffet, das aus verschiedenen 10-Minuten-Happen besteht, die sich samt und sonders zum Aus-der-Hand-Essen eignen. Der Erfolg ist Ihnen gewiß. Selleriestangen mit vorwitzigen, hellgelben Blättchen, gefüllt mit Meerrettich-Nuß-Creme. Champignos mit Gorgonzolacreme und Walnüssen, Gurkenhappen mit Ziegenkäse, Tomatenscheiben mit Mozzarella und sonnigem Kräuterpesto – wer könnte da widerstehen.

Damit die Häppchen, Fingerfood in höchster Vollendung, richtig zur Geltung kommen, brauchen Sie große Platten, auf denen Sie das Ganze dekorativ anrichten können. Sollten sich diese nicht in Ihrem Küchenfundus befinden, überziehen Sie flache Backbleche oder große Tabletts mit Alufolie. Oder Sie legen eine weiße Tortenspitze aus Papier auf den Boden einer Springform, und darauf kommen dann die bunten Bissen.

Halten Sie sich beim Dekorieren der Happen an einfache Formen, die Sie wiederholen. Es sieht schon super aus, wenn Sie mit zwei Teelöffeln kleine Nockerln aus Käsecreme formen, diese in gleich große, rote Paprikaschnitze setzen und die Nockerln mit einer schwarzen Olive und einem Petersilienblättchen garnieren.

Sehr professionell wirkt es, wenn auf den Platten kein wildes Durcheinander herrscht, sondern die Paprikaschnitze systematisch angeordnet werden, z. B. – ganz einfach, aber wirkungsvoll – in langen Reihen, wobei die Spitzen immer in die gleiche Richtung zeigen.

Die appetitliche Wirkung wird noch erhöht, wenn auch die Dekoration der Happen System hat. Sie schneiden z. B. Karotten in gleichmäßig dünne, 3 cm lange Streifen und garnieren damit die Gurkenhappen. Oder Sie schneiden Kresse gleichmäßig ab und

setzen Sträußchen auf die Paprikaringe mit Cheddar-Creme. Der Phantasie beim Anrichten der Happen sind keine Grenzen gesetzt. Ich habe diesbezüglich eine kleine Wette mit mir selbst laufen: Keine Dekoration darf wiederholt werden.

Dem festlichen Anlaß entsprechend drapieren Sie ein großes Tischtuch über die Tafel. Ein schwungvoller Faltenwurf sorgt dabei für Dramatik. Prachtvoll wird das kalte Buffet, wenn in der Mitte eine überquellende Obstschale thront. Blaue und weiße Trauben, Pfirsiche, Feigen, ein paar Erdbeeren.

Findet die Feier im Büro statt, einer unzivilisierten Stätte, an der Tischdecken und festliches Tafelgeschirr meist Mangelware sind, kommt wieder die Alufolie zum Einsatz. Sie überziehen damit die ganze Tischfläche und haben somit eine einzige riesige, silberne Platte für die bunten Happen. Eine elegante Lösung auch für Menschen, die Tischdecken langweilig finden oder deren Bügeleisen wieder einmal defekt ist.

Bitten Sie einige Freunde, Ihnen bei der Vorbereitung zu helfen. Gemeinsam ein Buffet anrichten macht erfahrungsgemäß Spaß. Besonders, wenn unter den Helfern der Ehrgeiz ausbricht und ein erbitterter Wettkampf einsetzt um die am schönsten garnierten Häppchen.

Das Finger-Food-Buffet

Stellen Sie aus diesen Happen Ihr Buffet zusammen:
Paprikaringe mit Cheddar-Creme (S. 27)
Gurkenhappen mit Ziegenkäsecreme (S. 35)
Champignons, gefüllt mit Gorgonzolacreme und Walnüssen (S. 38)
Paprikaschiffchen mit Frischkäsecreme (S. 40)
Sellerie mit Meerrettich-Nuß-Creme (S. 43)
Mozzarella mit Tomaten und sonnigem Kräuterpesto (S. 20)

Damit nicht genug, aus den folgenden pikanten Cremes können Sie kleine Nockerln abstechen, die Sie in Papariakschnitze oder auf Gurkenscheiben setzen. Auch Chicoréeblättchen, kleine Tomaten und Champignons können damit gefüllt werden.

Schafskäsecreme (Paprika »Santorini«, S. 14)
Roquefortcreme (S. 17)
Tofu-Sesam-Creme (S. 18)
Pikanter Erdnußquark (S. 23)

Gefüllte Tomaten mit Avocadocreme

Für 2–4 Personen

Für diese Creme müssen die Avocados butterweich sein. Lassen Sie harte Früchte in der Obstschale nachreifen. Wenn Sie den Reifungsprozess beschleunigen wollen, dann wickeln Sie die Avocados dick in Zeitungspapier ein.

4 Tomaten
1 reife Avocado
150 g Frischkäse
2 Knoblauchzehen, fein gehackt
Saft von 1/2 Limone oder Zitrone
abgerieben Schale von 1/4 unbehandelter Limone oder Zitrone
1 Prise Chili
1/2 TL Cumin
Salz
1/3 Gurke, sehr kleine Würfel
1 Frühlingszwiebel, feine Ringe
4 Zitronenscheiben
1 EL Petersilie, fein gehackt (auch tiefgefroren)

1. Von den Tomaten einen Deckel abschneiden. Tomaten mit einem Teelöffel vorsichtig aushöhlen.

2. Avocadofleisch mit der Gabel fein zerdrücken, mit Frischkäse, Knoblauch, Limonen- oder Zitronensaft verrühren. Die Creme mit Limonen- oder Zitronenschale, Chili, Cumin und Salz würzen. Gurkenwürfel und Frühlingszwiebeln untermengen.

3. Die Creme in die Tomaten füllen, mit Zitronenscheiben und Petersilie garnieren.

Mein Tip: Zu den gefüllten Tomaten passen vorzüglich mexikanische Weizentortillas, die es fix und fertig zubereitet und abgepackt jetzt auch in unseren Supermärkten gibt.

Paprika »Santorini«

Für 2 Personen

Der Salat in der umweltfreundlichen Umverpackung: Er wird in einer eßbaren Hülle serviert. Prima geeignet für ein Picknick oder zum Mitnehmen ins Büro.

1 gelbe Paprika
1 grüne Paprika
200 g Schafskäse, kleine Würfel
2 EL tiefgefrorene italienische Kräuter
1/4 Gurke, kleine Würfel
2 Tomaten, kleine Würfel
8 schwarze Oliven, kleine Stücke
3 EL Olivenöl
2 EL Weinessig
Salz
Pfeffer

1. Von den Paprikas einen Deckel abschneiden. Mit einem kleinen, scharfen Messer die Zwischenwände und Kerne entfernen.

2. In einer Schüssel den Schafskäse mit Kräutern, Gurken- und Tomatenwürfeln, Oliven, Öl und Essig vermischen, mit Salz und Pfeffer abschmecken.

3. Den Salat in die Paprikaschoten füllen, die Fruchtdeckel wieder darauf setzen.

Mein Tip: So bekommt der Salat eine orientalische Note: Einen halben Teelöffel Cumin in einer trockenen Pfanne kurz anrösten. Salat mit Cumin und fein gehackter frischer Minze würzen.

Birne mit Roquefortcreme

Für 2–4 Personen

Saftig, aber trotzdem knackig die Birnen, langsam und natürlich gereift der Käse. Wenn die Zutaten stimmen, wird dieses einfache Rezept zum Hochgenuß.

100 g Roquefort
100 g Ricotta
Salz
Pfeffer
2 reife Birnen
Saft von 1 Zitrone
50 g blaue Trauben
einige Mandeln
einige Dillzweigchen

1. Roquefort in kleine Stücke schneiden. In einem tiefen Teller mit der Gabel fein zerdrücken. Roquefort mit dem Ricotta verrühren. Die Creme mit Salz und Pfeffer abschmecken.

2. Birnen halbieren. Das Kernhaus entfernen. Die Schnittflächen der Birnen mit Zitronensaft bestreichen.

3. Mit Eßlöffeln aus der Creme vier Klößchen formen. Die Klößchen auf die Birnenhälften setzen, mit Trauben, Mandeln und Dillzweigchen garnieren.

Mein Tip: Statt Ricotta können Sie auch Quark verwenden.

Tofu-Sesam-Brötchen

Für 4 Personen

Eine weitere köstliche und gesunde Kreation. Tofu enthält die abwehrkräftestärkenden Stoffe der kleinen, gelben Sojabohne, und Hefeflocken sind wahre Schätze an aufbauenden B-Vitaminen, die in unserer Industrienahrung oft zu kurz kommen.

200 g Tofu, kleine Würfel
2 EL Sonnenblumenöl
1 EL Hefeflocken
2 TL Sojasauce
1 TL Dijon-Senf
1 EL Zwiebel, fein gehackt
1 TL Kapern, fein gehackt
1 EL gerösteter Sesam
1 Prise Chili
4 Scheiben Vollkornbrot
1 Tomate, Scheiben
1/3 Gurke, Scheiben
Kresse

1. Mit dem Handrührgerät Tofu, Öl, Hefeflocken, Sojasauce und Senf zu einer glatten Creme verrühren. Zwiebeln, Kapern und Sesam unterrühren, mit Chili abschmecken.

2. Brote mit der Tofu-Sesam-Creme bestreichen und in Häppchen schneiden. Mit Tomaten, Gurken und Kresse garnieren.

Mein Tip: Von der Tofucreme mit zwei Teelöffeln kleine Klößchen abstechen und diese in Paprikaschnitze, auf Gurkenscheiben oder Chicoréeblätter setzen.

Mozzarella mit sonnigem Kräuterpesto

Für 2 Personen

250 g Mozzarella
4 Tomaten, dünne Scheiben
1/2 Bund Petersilie, gehackt
1/2 Bund Basilikum, gehackt
2 TL Kapern
1 Knoblauchzehe, gehackt
2 EL Sonnenblumenkerne
4 EL Olivenöl
Salz
Pfeffer

1. Mozzarella auf Tomatenscheiben dekorativ anrichten.

2. Mit dem Mixstab Petersilie, Basilikum, Kapern, Knoblauch und Sonnenblumenkerne mit Öl zu einer Creme pürieren. Pesto mit Salz und Pfeffer abschmecken.

3. Einen kleinen Klacks Pesto auf die Mozzarellascheiben geben.

Mein Tip: Die Zutaten für diesen Snack können Sie auch für ein blitzschnelles Pastagericht verwenden. Bereiten Sie darum gleich die doppelte Menge Kräuterpesto zu:
Tomaten und Mozzarella in kleine Würfel schneiden. 250 g Spaghetti in reichlich Salzwasser bißfest kochen, abgießen, abtropfen lassen. Die Tomatenwürfel kurz in etwas Butter andünsten; sie sollten gerade warm sein. Die Spaghetti mit Kräuterpesto, Tomaten- und Mozzarellawürfel vermischen.

Pikanter Erdnußquark

Für 4 Personen

Erdnußmus kann mehr sein, als die klebrige Unterlage auf dem Marmeladebrot. Auch pikante Cremes und Saucen gelingen damit. Verwenden Sie aber nur 100% reines Erdnußmus. Sie finden dieses hochwertige Produkt in Naturkostgeschäften und Naturkostabteilungen der Supermärkte.

250 g Magerquark
1 EL Erdnußmus
1 EL Zitronensaft
2 TL Sojasauce
2 Knoblauchzehen, fein gehackt
1 gute Prise Chili
Salz
1 EL Petersilie oder frischer Koriander, fein gehackt
1 rote Paprika, feine Streifen
1/3 Gurke, feine Streifen

1. Mit dem Handrührgerät den Quark mit Erdnußmus, Zitronensaft und Sojasauce glattrühren. Knoblauch unterrühren, mit Chili und Salz abschmecken.

2. Den Quark mit Petersilie oder Koriander bestreuen, mit Paprika- und Gurkenstreifen garnieren.

Mein Tip: Einen Hauch von Exotik erhält der Quark, wenn Sie ihn mit Kokos-Gewürzflocken bestreuen: In einer trockenen Pfanne einen Eßlöffel Kokosflocken, einen halben Teelöffel Cumin und einen halben Teelöffel Korianderpulver kurz anrösten. Die Flocken in eine kleine Schüssel geben, mit etwas abgeriebener Zitronenschale vermischen, mit Salz abschmecken.

Schafskäse mit Salsa »Santa Fe«

Für 4 Personen

Rund ums Mittelmeer sind gegrillte, in Öl eingelegte Paprikaschoten eine beliebte Vorspeise. Für dieses Rezept werden die Paprikas mit Knoblauch und Gewürzen zu leuchtend roter Sauce püriert – ein richtiger Appetitanreger, denn Rot weckt nachweislich die Lust aufs Essen. Gegrillte, abgezogene Paprikas gibt es in italienischen, griechischen und türkischen Lebensmittelläden, aber auch in den Feinkostabteilungen der Supermärkte zu kaufen.

600 g Schafkäse, dünne Scheiben
2 Paprikaschoten, abgezogen, in Öl eingelegt (Fertigprodukt)
1 Knoblauchzehe
1/4 Zwiebel, Stücke
1 TL Essig
2 EL Olivenöl
1/2 TL Oregano
1 gute Prise Chili
Salz
2 EL Petersilie oder Koriander, fein gehackt

1. Schafkäse auf einer großen Platte anrichten.

2. Mit dem Mixstab oder Handmixgerät die Paprikas mit Knoblauch, Zwiebeln, Essig und Öl fein pürieren. Salsa mit Oregano und Chili würzen, mit Salz abschmecken.

3. Den Schafskäse mit Salsa übergießen, mit Koriander oder Petersilie bestreuen.

Mein Tip: Harte Eier halbieren, auf Salatblättern anrichten, mit Paprikasalsa übergießen.

Paprikaringe mit Cheddar-Creme

Für 4 Personen

Auf einer großen Platte angerichtet, mit schwarzen Oliven und Kräuterblättchen garniert, werden die Paprikascheiben zum appetitanregenden Blickfang eines kalten Buffets.

150 g Magerquark
150 g Cheddar, fein gerieben
3 TL Dijon-Senf
2 EL Zwiebeln, fein gehackt
2 EL Petersilie, fein gehackt
1/2 TL Paprika (edelsüß)
Salz
1 grüne Paprika
1 rote Paprika

1. Mit dem Handrührgerät Quark und geriebenen Käse zu einer glatten Creme rühren, mit Senf, Zwiebeln, Petersilie und Paprikapulver würzen.

2. Von den Paprikas einen Deckel abschneiden. Mit einem kleinen, scharfen Messer die Trennwände und die Kerne entfernen.

3. Die Creme in die Paprikas füllen, etwas andrükken, damit die Füllung sich gleichmäßig verteilt. Mit einem scharfen Messer die gefüllten Paprikschoten in dünne Ringe schneiden.

Mein Tip: Ein prima Schmankerl für das Picknick. Packen Sie die gefüllten Schoten in den Picknickkorb und schneiden Sie diese erst im Grünen in feine Ringe.

Pilz-Sandwich mit Gorgonzola

Für 2 Personen

Ganz italienisch wird dieses Sandwich mit weichem Tramizzinibrot, bereits vorgeschnittenem, abgepacktem Kastenbrot. Die fertig belegten Brotquadrate schneidet man in elegante Dreiecke. So lassen sich auch üppig belegte Brote gut essen.

200 g große Austernpilze
2 EL Olivenöl
Salz
Pfeffer
4 Scheiben feines Weizenvollkornbrot oder Tramizzinibrot
$^{1}/_{2}$ EL Butter
60 g Gorgonzola, kleine Stücke
1 Tomate, dünne Scheiben
2 Frühlingszwiebeln, feine Ringe

1. Von den Austernpilzen die knorpeligen Ansätze abschneiden. Wenn notwendig an den Rändern etwas einschneiden, damit die Pilze flach in der Pfanne liegen.

2. Öl in der Pfanne erhitzen. Die Pilze auf beiden Seiten kurz anbraten, mit Salz und Pfeffer würzen.

3. Brote mit Butter bestreichen, mit Austernpilzen belegen. Käse, Tomaten und Frühlingszwiebeln darauf verteilen. Brote aufeinanderlegen, diagonal durchschneiden.

Mein Tip: Wie wär's mit einer Parmesancreme anstatt Gorgonzola? 3 Eßlöffel geriebenen Parmesan mit 3 Eßlöffel Frischkäse verrühren. Die Creme mit Chili und Zitronensaft würzen, mit Salz abschmecken.

Avocado-Sandwich mit Sprossensalsa

Für 2 Personen

50 g Alfalfa- oder Radieschensprossen
1 kleine Tomate, sehr kleine Würfel
1 Frühlingszwiebel, feine Ringe
1 Knoblauchzehe, fein gehackt
1 EL Petersilie oder Koriander, fein gehackt (auch tiefgefroren)
abgeriebene Schale von $^{1}/_{4}$ unbehandelter Zitrone
1 EL Zitronen- oder Limonensaft
Salz
1 Prise Chili
1 EL Mayonnaise
2 EL Joghurt
4 Scheiben lockeres Weizenvollkornbrot
2 Salatblätter
1 reife Avocado, feine Scheiben

1. Sprossen, Tomatenwürfel, Frühlingszwiebeln, Knoblauch und Petersilie (oder Koriander) vermischen. Salsa mit abgeriebener Zitronenschale, Zitronen- oder Limonensaft, Salz und Chili abschmecken.

2. Mayonnaise mit Joghurt verrühren. Zwei Brotscheiben mit Joghurt-Mayonnaise bestreichen, mit Salatblättern belegen, darauf die Avocadoscheiben geben.

3. Salsa darauf verteilen. Brote mit den restlichen Brotscheiben bedecken, diagonal durchschneiden.

Mein Tip: Sprossen enthalten aufbauende Vitalstoffe in höchster Konzentration. Eine eigene Sprossenzucht lohnt sich daher: 2 Eßlöffel Alfalfasamen 6 Stunden in kaltem Wasser einweichen. In einem Sieb abtropfen lassen, in ein trockenes Einweckglas geben. Dreimal am Tag mit kaltem Wasser spülen, in einem Sieb gut abtropfen lassen und in das ausgetrocknete Glas zurückgeben. Schwimmen auf dem Wasser leere Samenhülsen, diese entfernen. Nach 3–4 Tagen können die Sprossen »geerntet« werden.

Frühlingseier

Für 2–3 Personen

Wenn die Eier schon gekocht und halbiert sind, können Kinder dieses Rezept selbst »kochen«. Besonders beliebt beim Kochnachwuchs: Die Eihälften mit einem großen Löffel aus der Schale heben. Aber auch das selbständige Anrühren der Sauce und das hingebungsvolle Dekorieren des Tellers begeistert zukünftige Meisterköche.

4 Eier
1 Bund Radieschen, dünne Scheiben
3 EL Sauerrahm
2 EL Joghurt
1 EL Schnittlauch, fein geschnitten (auch tiefgekühlt)
1 EL Basilikum, fein geschnitten (auch tiefgekühlt)
1 EL Dill, fein geschnitten (auch tiefgekühlt)
Salz
Pfeffer

1. Eier hart kochen und kalt abschrecken. Eier mit einem kleinen scharfen Messer halbieren. Die Eihälften mit einem Eßlöffel aus der Schale heben.

2. Eier und Radieschen kreisförmig auf einem Teller anrichten.

3. Sauerrahm mit Joghurt und den Kräutern vermischen, mit Salz und Pfeffer abschmecken. Die Sauce in die Mitte des Tellers gießen.

Mein Tip: Wenn Sie etwas mehr Zeit haben: Gekochtes Eigelb fein zerdrücken, mit Senf, gehackten Kapern und einem Eßlöffel Parmesan vermischen und in die Eihälften füllen.

Gurkenhappen mit Ziegenkäsecreme

Für 2–4 Personen

Die Vorspeise für das nöchste Open Air Dinner am offenem Feuer: Brotscheiben über der Glut rösten, mit der Ziegenkäsecreme bestreichen. Die Gurkenscheiben kommen dann obendrauf statt untendrunter.

5 getrocknete Tomaten
250 g Ziegenfrischkäse
1 Knoblauchzehe, fein gehackt
2 EL Basilikum, fein gehackt
Salz
Pfeffer
1/2 Gurke, Scheiben
einige Basilikumblättchen

1. 4 getrocknete Tomaten fein hacken, 1 getrocknete Tomate in feine Streifen schneiden.

2. Den Ziegenkäse mit einer Gabel zerdrücken, mit den gehackten Tomaten, Knoblauch und Basilikum vermischen. Die Creme mit Salz und Pfeffer abschmecken.

3. Mit 2 Teelöffeln von der Creme kleine Klößchen abstechen. Klößchen auf die Gurkenscheiben setzen, mit Tomatenstreifen und Basilikumblättchen garnieren.

Mein Tip: Fein gehackte, schwarze Oliven und/oder Kapern in die Creme rühren.

Avocado »Trinidad«

Für 2–3 Personen

Das hellgrüne Avocadofleisch verfärbt sich schnell braun, wenn es nach dem Aufschneiden mit Luft in Berührung kommt. Darum Speisen mit Avocados immer erst kurz vor dem Essen zubereiten.

2 reife Avocados
100 g Ananas, sehr kleine Stücke
100 g Karotten, grob gerieben
2 EL Cashewnüsse, gehackt
1 EL rote Zwiebel, fein gehackt
1 TL Petersilie, fein gehackt
2 EL Orangensaft
1 EL Zitronensaft
1 Prise Chili
Salz

1. Avocados mit einem scharfen Messer längs halbieren, den Kern mit einem Löffel herausheben.

2. Ananas, Karotten, Cashewnüsse, Zwiebeln und Petersilie mit Orangen- und Zitronensaft vermischen. Die Füllung mit Chili und Salz abschmecken.

3. Avocados mit dem Ananans-Karotten-Salat füllen, sofort servieren

Mein Tip: Statt Ananas können Sie auch fein geschnittenes Fruchtfleisch von Mango oder Pfirsich verwenden. Eine frische, fein gehackte Chilischote verleiht der Avocadofüllung feuriges Temperament.

Champignons mit Gorgonzolacreme und Walnüssen

Für 2–4 Personen

Prima Fingerfood für ein kaltes Buffet. Wenn Sie die Champignonshäppchen im voraus zubereiten wollen, die Pilzhütchen in Zitronensaft wenden, damit sie sich nicht braun verfärben.

100 g Gorgonzola
2 EL Mascarpone
1 EL Haselnüsse, gehackt
1 EL Basilikum, fein gehackt (auch tiefgefroren)
Pfeffer
8 große Champignons
$^{1}/_{4}$ rote Paprika, feine Streifen
einige Basilikumblättchen

1. Gorgonzola in kleine Stücke schneiden, mit der Gabel fein zerdrücken, mit Mascarpone glattrühren. Die Creme mit Basilikum und Nüssen vermischen, mit Pfeffer abschmecken.

2. Die Stiele der Champignons entfernen. Champignonshütchen mit Gorgonzolacreme füllen, mit Paprikastreifen und Basilikumblättchen garnieren.

Mein Tip: Mit Teelöffeln von der Gogonzolacreme kleine Klößchen abstechen und auf Tomatenscheiben setzen. Mit Pinienkernen garnieren.

Paprikaschiffchen mit Frischkäsecreme

Für 4 Personen

Zum Aus-der-Hand-Essen. Mit den besten Empfehlungen für Gastgeber, die zwar liebend gern ein Essen vorbereiten, aber wenig Lust zum Abspülen haben.

250 g Frischkäse
1 große Karotte, fein gerieben
1 Stiel Stangensellerie, sehr kleine Würfel
3 EL tiefgekühlte italienische Kräuter
1 TL Zitronensaft
Salz
Pfeffer
1 rote Paprika, große Schnitze
1 gelbe Paprika, große Schnitze

1. Frischkäse mit Karotten, Sellerie, Kräutern und Zitronensaft zu einer Creme verrühren, mit Salz und Pfeffer abschmecken.

2. Von der Creme mit zwei Teelöffeln Klößchen abstechen, die Klößchen in die Paprikaschnitze setzen.

Mein Tip: Ein saftiges Supersandwich, auch als Pausenbrot geeignet: Ein Vollkornbaquette längs aufschneiden, mit der Creme bestreichen, mit Salatblättern, Tomatenscheiben und Paprikastreifen belegen. Baquette zusammenklappen, in einzelne Portionen zerschneiden.

Sellerie mit Meerrettich-Nuß-Creme

Für 2–4 Personen

Für die schnelle Küche ist das wunderbar cremige Mandelmus ein Riesenplus. Originelle Snacks mit dem vollen Aroma gerösteter Mandeln sind im Handumdrehen (korrekter: im Mixerumdrehen) zubereitet. Gäste vermuten regelmäßig, daß unerhört viel Arbeit in den nussigen Happen steckt. Also, wenn Sie Eindruck machen wollen bei Schwiegermüttern, Chefs und neu zu erobernden Lieben, dann servieren Sie mit Mandelmus zubereitete Leckerbissen. Komplimente für diese gelungene Speise nehmen Sie mit einem bescheidenen Lächeln entgegen.

4 EL Mascarpone
2 TL Mandelmus
1 TL Zitronensaft
1/2 EL Meerrettich aus dem Glas
1 Prise Chili
Salz
4 Stangen Staudensellerie
1 EL Petersilie

1. Mit dem Handrührgerät Mascarpone mit Mandelmus und Meerrettich glattrühren, mit Chili und Salz abschmecken.

2. Die Creme in die Selleriestangen füllen. Mit Petersilie garnieren.

Mein Tip: Auf dem Mandelmus setzt sich eine Ölschicht ab. Darum das Mandelmus vor dem Weiterverarbeiten gut verrühren. 100% reines Mandelmus gibt es in Naturkostgeschäften.

Gefüllter Camembert

Für 2 Personen

Der Camembert sollte für diesen buffetgeeigneten Snack zwar reif, aber nicht zu weich sein.

1 reifer Camembert
4 getrocknete Tomaten, sehr kleine Würfel
8 schwarze Oliven, sehr kleine Würfel
1 EL Kapern, fein gehackt
1 EL Zwiebeln, fein gehackt
2 Knoblauchzehen, fein gehackt
2 EL Petersilie, fein gehackt
Salz
Pfeffer

1. Camembert wie ein Brötchen halbieren.

2. Tomaten mit Oliven, Kapern, Zwiebeln, Knoblauch und Petersilie vermischen. Die Masse mit Salz und Pfeffer abschmecken.

3. Eine Camemberthälfte mit der Creme bestreichen, mit der zweiten Hälfte zudecken. Mit einem scharfen Messer den Camembert in Scheiben schneiden und portionsweise anrichten.

Mein Tip: Servieren Sie den gefüllten Camembert auf Feldsalat mit Walnuß-Vinaigrette. 2 Eßlöffel Sherryessig und 3 Eßlöffel Walnußöl mit 2 Eßlöffeln fein gehackter Walnüsse, 1 Eßlöffel gehackter Petersilie vermischen, mit etwas abgeriebener Zitronenschale, Salz und Pfeffer würzen. 100 g Feldsalat mit der Vinaigrette vermischen, den Salat portionsweise mit den Käsescheiben anrichten, mit Frühlingszwiebelringen bestreuen.

Fruchtiger Käsesalat mit Chicorée

Für 2–3 Personen

»Das Auge ißt mit.« – Damit das Farbspiel auf dem Teller stimmt, sollte der Apfel eine leuchtend rote Schale haben.

200 g Emmentaler oder Gruyère, kleine Würfel
1 saftiger, säuerlicher Apfel, kleine Würfel
100 g kleine blaue Trauben
30 g Mandelsplitter
4 EL saure Sahne
2 EL Joghurt
1 EL Zitronensaft
1 EL Petersilie, fein gehackt
1 Prise Chili
Salz
2 Chicorée, einzelne Blätter

1. Käse, Apfelstücke, Trauben und Mandelsplitter in eine Schüssel geben.

2. Die saure Sahne mit Joghurt und Zitronensaft glattrühren. Die Sauce mit Petersilie vermischen, mit Chili und Salz abschmecken. Die Salatzutaten mit der Sauce vermischen.

3. Die Chicoréeblätter auf einem großen Teller kreisförmig anordnen, den Salat in die Mitte geben.

Mein Tip: Sie können den Chicorée auch in feine Ringe schneiden und unter den Salat mischen. Dann müssen Sie aber etwas mehr Dressing zubereiten. Im Winter bringen statt der Trauben längs halbierte Mandarinenschnitze die fruchtige Note an den Salat.

Frischkäse mit karibischer Sauce

Für 4 Personen

Besonders attraktiv wird diese Mischung aus heimischen Milchprodukten und exotischen Früchten mit kleinen kegelförmigen Frischkäsen. Greifen Sie zu, wenn Sie diese eßbare Kostbarkeit auf einem Bauernmarkt oder in Ihrem Käsefachgeschäft finden. Empfehlenswert, da und naturbelassen und besonders aromatisch: Schafskäse vom Biobauern.

600 g Schafsfrischkäse
1 Mango, kleine Würfel
1 rote Paprika, kleine Würfel
2 Frühlingszwiebeln, feine Ringe
1 grüne Chilischote, fein gehackt
2 EL Koriander oder Petersilie, fein gehackt
Saft von 1 Zitrone oder Limone
Salz

1. Käse portionsweise anrichten.

2. In einer Schüssel Mango, Paprika, Frühlingszwiebeln, Chili und Koriander (oder Petersilie) mit Zitronensaft vermischen, mit Salz abschmecken.

3. Sauce über dem Frischkäse verteilen.

Mein Tip: Mozzarella in dünne Scheiben schneiden und mit der karibischen Sauce anrichten.

Rosaroter Nudelsalat

Für 4 Personen

200 g Penne
Salz
100 g Mascarpone
2 Tomaten, Stücke
$^{1}/_{2}$ EL Senf
1 Paket tiefgekühlte italienische Kräuter
1 EL Kapern, fein gehackt
1 eingelegte Peperoni, fein gehackt
200 g Gouda, kleine Würfel
2 rote Paprikaschoten, gegrillt und in Öl eingelegt (Fertigprodukt), feine Streifen

1. Nudeln in reichlich Salzwasser bißfest kochen. In ein Sieb abgießen, kalt abschrecken, gut abtropfen lassen.

2. In der Kochzeit der Nudeln wird die Salatsauce zubereitet und die Zutaten kleingeschnitten. Mit dem Mixstab den Mascarpone mit Tomaten und Senf zu einer glatten Sauce pürieren. Die Sauce mit Kräutern, Kapern und Peperoni vermischen, mit Salz abschmecken.

3. Nudeln, Käse und Paprika in eine Schüssel geben, mit der Sauce vermischen. Salat mit Salz abschmecken.

Mein Tip: Dieses Rezept ist nahezu unbegrenzt »ausbaufähig«:
1. Salat mit hartgekochten Eiern und schwarzen Oliven garnieren.
2. Grob geriebene Karotten mit Zitronensaft marinieren und unter den Salat mischen.
3. Kleine Würfel von Gurke, Fenchel und Stangensellerie untermischen.
4. Salat mit den Zutaten von Tip 1, 2 und 3 verfeinern.

Chinesischer Nudelsalat

Für 2 Personen

Dieser Salat, eine elegante Mischung aus heißen und kalten Zutaten, wird lauwarm gegessen und eignet sich auch als Vorspeise für ein fernöstliches Menü.

100 g Glasnudeln (Vermicelli)
2 EL Öl
100 g Tofu, kleine Würfel
50 g Mungsprossen
1/2 EL Sojasauce
1 Knoblauchzehe, fein gehackt
1/2 TL Ingwer, fein gerieben
1 Karotte, grob gerieben
2 Frühlingszwiebeln, feine Ringe
1 gute Prise Chili
1 - 2 EL Sherryessig
einige Tropfen geröstetes Sesamöl
Salz
1 EL Koriander oder Petersilie, fein gehackt (auch tiefgekühlt)

1. Nudeln mit der Schere in 10 cm lange Stücke schneiden. In reichlich warmem Wasser 5 Minuten einweichen, in einem Sieb gut abtropfen lassen. In der Einweichzeit die restlichen Zutaten kleinschneiden.

2. Öl im Wok erhitzen. Tofu darin kurz unter Rühren anbraten. Sprossen hinzufügen, unter Rühren kurz braten. Nudeln hinzufügen, unter Rühren 2 Minuten braten. Mit Sojasauce würzen.

3. Nudeln in eine Schüssel geben, mit Knoblauch, Ingwer, Karotten und Frühlingszwiebeln vermischen. Den Salat mit Chili, Essig und Sesamöl würzen, mit Salz abschmecken. Salat mit Kräutern bestreut servieren.

Mein Tip: Wenn Sie etwas mehr Zeit haben, können Sie auch weich gebratene Auberginenstückchen in den Salat mischen.

Käsesalat »Acapulco«

Für 4 Personen

250 g naturgeräucherter Käse, kleine Würfel
4 Tomaten, kleine Würfel
1 grüne Paprika, kleine Würfel
2 Frühlingszwiebeln, feine Ringe
1 Knoblauchzehe, fein gehackt
1 grüne Chilischote, fein gehackt
1 EL Petersilie oder Koriander, fein gehackt
1 EL Sherryessig
1 EL Limonen- oder Zitronensaft
3 EL Sonnnenblumenöl
Salz

1. Käse, Tomaten, Paprika, Frühlingszwiebeln, Knoblauch, Chili und Petersilie in eine Schüssel geben.

2. Den Salat mit Essig, Limonen- oder Zitronensaft und Öl vermischen, mit Salz abschmecken.

Mein Tip: Käsesalsa der einfachen Art: Schneiden Sie die Zutaten in winzig kleine Würfel. Diese kalte Sauce paßt hervorragend zu gegrillten Pilzen, Auberginen- und Zucchinischeiben. Besonders reizvoll: Der Käse schmilzt, wenn er auf die heißen Gemüse trifft.

Käse-Carpaccio mit Tessiner Vinaigrette

Für 4 Personen

Warum nicht auch einmal ein Carpaccio aus natürlich gereiftem, hauchdünn geschnittenem »Schweizer Käse«? Sein Aroma kann sich erst so richtig voll entfalten, wenn der Käse nicht direkt aus dem Kühlschrank kommt.

400 g Emmentaler, sehr dünne Scheiben
2 EL Sherryessig
Salz
5 EL Sonnenblumenöl
Pfeffer
2 EL Dill, fein gehackt
6 getrocknete Tomaten, sehr kleine Würfel
1/4 TL Korianderpulver
1 rote Zwiebel, hauchdünne Ringe
1 kleine Fenchelknolle, hauchdünne Scheiben
1/2 rote Paprika, dünne Streifen
1 EL Sonnenblumenkerne

1. Emmentaler portionsweise auf großen Tellern anrichten.

2. Essig mit Salz verrühren, mit Öl vermischen. Pfeffer, Dill, Tomaten und Korianderpulver unterrühren.

3. Käse mit der Vinaigrette beträufeln, mit Zwiebeln, Fenchel und Paprika garnieren, mit Sonnenblumenkernen bestreuen.

Mein Tip: Verschiedenen Rezepte phantasievoll kombinieren, so funktioniert die schnelle vegetarische Küche:
1. Hauchdünn geschnittenen Emmentaler mit Olivensalsa (S. 81) anrichten.
2. Gegrillten Schafskäse (S. 81) mit Tessiner Vinaigrette würzen, denn auch knackiger Fenchel, fein geschnittene Zwiebeln und Paprika vertragen sich bestens mit dem schmelzend weichen Feta.

Ziegenkäse-Paprika-Toast mit Basilikum-Salsa

Für 4 Personen

Besonders geeignet für Toast: Der französische Ziegenkäse Saint Maure. Die runde, längliche Käserolle mit der feinen Edelschimmelrinde reift auf Strohmatten. In Supermärkten mit einem guten Käsesortiment gibt es diesen Käse auch portionsweise abgepackt. Auch mit würzig-pikantem Chabichou schmeckt das heiße Brötchen.

4 große Scheiben Schwarzbrot
1 EL Butter
400 g Ziegencamembert, dünne Scheiben
4 rote Paprika, gegrillt und in Öl eingelegt (Fertigprodukt), breite Streifen
4 EL Basilikum, fein geschnitten (auch tiefgekühlt)
2 EL rote Zwiebeln, fein gehackt
1 Knoblauchzehe, fein gehackt
$^1/_2$ grüne Chili, fein gehackt
2 TL Zitronensaft

1. Brot mit Butter bestreichen. Mit Käsescheiben und Paprikastreifen dachziegelartig belegen.

2. Brote im vorgeheizten Ofen bei 220 °C 7 Minuten überbacken.

3. Basilikum mit Zwiebeln, Knoblauch, Chili und Zitronensaft vermengen. Salsa auf den fertig gebackenen Broten verteilen.

Mein Tip: Statt des Brotes können Sie auch dünn geschnittene Zucchinischeiben verwenden.

Ali Babas Fladenbrot

Für 2 Personen

Für eine blitzschnelle Sauce mit rundem Sesamaroma wird Joghurt mit Tahine vermischt. Das Mus aus ungeschälten Sesamkörnern gibt es in Naturkost-, griechischen und türkischen Lebensmittelgeschäften.

4 Eier
Salz
1 EL Butter
1 TL Cumin
1 TL Korianderpulver
1 gute Prise Chili
150 g Joghurt
1/2 EL Tahine (Sesammus)
2 Knoblauchzehen, fein gehackt
1 EL Zitronensaft
1/2 griechisches Fladenbrot oder
2 Pittabrote
2 Tomaten, Schnitze
1/3 Gurke, dünne Scheiben
4 Blätter Eisbergsalat, dünne Streifen

1. Brot im Ofen kurz aufbacken.

2. Eier verquirlen, leicht salzen. Butter in einer beschichteten oder gußeisernen Pfanne schmelzen. Cumin, Koriander und Chili kurz unter Rühren anbraten. Ei in die Pfanne gießen, unter Rühren ein lockeres Rührei braten.

3. Mit dem Handrührgerät Joghurt, Tahine, Knoblauch und Zitronensaft verrühren. Die Sauce mit Salz abschmecken.

4. Fladenbrot aufschneiden (in die Pittabrote eine Tasche schneiden). Brote mit Rührei, Tomaten, Gurken, Salat und Tahine-Joghurt-Sauce füllen.

Mein Tip: Vor dem Füllen die Brote mit sonnigem Kräuterpesto (S. 20) bestreichen. Wer's besonders üppig mag, kann auch mehrere Saucen auf einmal verwenden, z. B. Olivensalsa (S. 81) oder Sprossensalsa (S. 31).

Tortilla »Tia Rosa«

Für 2 Personen

Ideal um Gäste pfiffig zu bewirten: Sie bereiten die Bohnensauce im voraus zu und müssen dann nur noch die mit Käse gefüllten Tortillas in der Pfanne aufbacken. Weiche Weizentortillas gibt es abgepackt im Supermarkt.

200 g Kidney-Bohnen aus der Dose, kalt abgespült und abgetropft
2 Tomaten, kleine Würfel
$^1/_2$ grüne Paprika, kleine Würfel
1 rote Zwiebel, kleine Würfel
2 Knoblauchzehen, fein gehackt
2 EL Petersilie, fein gehackt (auch tiefgekühlt)
1 EL Essig
1 EL Zitronensaft
2 EL Öl
1 gute Prise Chili
1 TL Cumin
1 TL Oregano
Salz
2 Weizentortillas
100 g Gouda, feine Streifen
2 Salatblätter, feine Streifen

1. Die gut abgetropften Bohnen mit Tomaten, Paprika, Zwiebeln, Knoblauch, Petersilie, Essig, Zitronensaft und Öl vermischen. Die kalte Bohnensauce mit Chili, Cumin und Oregano würzen, mit Salz abschmecken.

2. Die Tortillas mit Käse belegen, zusammenklappen. In einer trockenen oder beschichteten Pfanne die Tortillas auf beiden Seiten backen, bis der Käse schmilzt und sich auf den Tortillas kleine braune Pünktchen zeigen.

3. Tortillas aufklappen, mit der Bohnensauce und Salat füllen, wieder zusammenklappen und sofort servieren.

Zucchini-Tomaten-Käse-Baquette mit Petersilien-Chutney

Für 2 Personen

Wer milden Käse mag, ist mit cremigem Raclette bestens bedient. Wenn Sie Appetit auf kräftigeren Käsegenuß haben, lassen Sie Gruyère, Bergkäse oder Camembert auf dem Brot schmelzen.

1 kleines Vollkornbaquette
2 TL Butter
200 g Raclette, dünne Scheiben
200 g Zucchini, dünne Scheiben
2 Tomaten, dünne Scheiben
1 kleine rote Zwiebel, fein gehackt
3 EL Petersilie, fein gehackt (auch tiefgefroren)
1 EL Zitronensaft
1/2 TL Koriander
Pfeffer
Salz

1. Baquette längs aufschneiden. Mit Butter bestreichen, mit Käse, Zucchini- und Tomatenscheiben dachziegelartig belegen. Baquettehälften im vorgeheizten Ofen bei 200 °C 7 Minuten überbacken.

2. In dieser Zeit Zwiebeln, Petersilie und Zitronensaft vermischen, mit Koriander würzen, mit Salz und Pfeffer abschmecken.

3. Das Chutney auf den gebackenen Broten verteilen.

Mein Tip: Und noch ein Toast: Tiefgefrorenen Blattspinat antauen, mit Knoblauch in etwas Butter andünsten. Brote mit Spinat belegen, darauf Emmentalerstreifen verteilen. Brote etwa 7 Minuten überbacken, mit Tomatenwürfeln und Petersilien-Chutney garnieren.

Tacos »Viva Maria«

Für 2 Personen

Fingerfood par excellence: Tacos, der Lieblingssnack der Mexikaner. Die goldgelben, knusprigen Schalen aus Mais gibt es im Supermarkt.

4 Tacoschalen
150 g Raclette, kleine Würfel
100 g saure Sahne
1 - 2 grüne Chilischoten, fein gehackt oder 1 gute Prise Chili
$^{1}/_{2}$ EL Zitronensaft
$^{1}/_{2}$ TL Cumin
Salz
4 Salatblätter, feine Streifen
1 reife Avocado, feine Streifen
2 Tomaten, kleine Scheiben
$^{1}/_{3}$ Gurke, dünne Scheiben
1 Zwiebel, feine Ringe
4 EL Radieschensprossen

1. Tacos mit Käse füllen, im Backofen erhitzen.

2. Saure Sahne mit Chili, Zitronensaft und Cumin verrühren, mit Salz würzen.

3. Die Tacos mit Salat, Avocado, Tomaten, Gurke und Zwiebelringen füllen. Auf jedes Taco einen Klacks pikante Sauerrahmsauce geben, mit Sprossen garnieren.

Mein Tip: Unzählige Variationen auch bei den Tacos. Allein aus den Rezepten dieses Buches ergeben sich jede Menge leckerer Abwandlungen. Versuchen Sie doch mal Tacos
– mit Bohnensauce (S. 62)
– mit Schafskäse und Salsa »Santa Fe« (S. 25)
– mit Emmentalerwürfeln, Salatstreifen, Avocadocreme (S. 12)
– mit Olivensalsa (S. 81)
– zu Gouda, Salatstreifen und karibischer Sauce (S. 48).

Gegrilltes Tofusandwich

Für 4 Personen

$2\frac{1}{2}$ EL Olivenöl
2 EL Sojasauce
1 TL Oregano
1 Prise Chili
400 g Tofu, $\frac{1}{2}$ cm dünne Scheiben
1 EL Dijon-Senf
1 EL Essiggürkchen, fein gehackt
2 EL tiefgekühlte italienische Kräuter
8 Scheiben feines Weizenvollkornbrot (am Besten in Kastenform)
8 Salatblätter
2 Tomaten, dünne Scheiben
2 Frühlingszwiebeln, feine Ringe
2 EL Alfalfasprossen oder Kresse

1. 2 Eßlöffel Olivenöl mit der Sojasauce glattrühren, mit Oregano und Chili vermischen. Die Tofuscheiben auf beiden Seiten mit der Sauce bestreichen. Tofu auf ein kleines Backblech legen. Unter dem Backofengrill auf jeder Seite 1–2 Minuten grillen.

2. Senf mit $\frac{1}{2}$ Eßlöffel Olivenöl glattrühren, mit gehackten Essiggurken und Kräutern vermischen.

3. 4 Brote mit Senfcreme bestreichen, mit Salatblättern belegen. Darauf kommen die gegrillten Tofuscheiben, Tomaten, Frühlingszwiebeln, Sprossen und obendrauf die restlichen Brotscheiben. Sandwiches diagonal durchschneiden.

Mein Tip: Mit gegrilltem Tofu wird ein bunter Salat zum Hauptgericht. In eine große Schüssel kommen: Mundgerecht zerpflückter Blattsalat, Streifen von roten Paprikas, Tomatenschnitze, etwas grob geriebene Karotte, Fenchelstreifen und fein gehackte rote Zwiebeln. Saftig wird das Ganze mit einer Vinaigrette aus Sherryessig, Olivenöl, gehackten Kapern und Dill. Den gegrillten Tofu in Streifen schneiden, auf dem Salat verteilen, mit geröstetem Sesam oder Sonnenblumenkernen bestreuen.

Kalte Tomaten-Joghurt-Suppe

Für 4 Personen

Herrlich mit saftigen, reifen Sommertomaten. Wenn es sehr heiß ist, kommen auch Eiswürfel in die fertig gemixte Suppe.

8 kleine Tomaten, Stücke
800 g Joghurt
4 Knoblauchzehen
$^{1}/_{2}$ Zwiebel, Stücke
Salz
Pfeffer
3 EL Basilikum, fein gehackt (auch tiefgekühlt)

1. Tomaten, Joghurt, Knoblauch und Zwiebel im Mixer oder mit dem Mixstab fein pürieren.

2. Die Suppe durch ein Sieb in eine Schüssel gießen, mit Salz und Pfeffer abschmecken, mit Basilikum bestreut servieren.

Mein Tip: Hier noch zwei weitere Variationen der Tomaten-Joghurt-Suppe.
– Andalusisch: Die Suppe mit einem Eßlöffel Olivenöl verquirlen. $^{1}/_{3}$ Gurke, 1 rote Paprika und 1 entkernte Tomate in sehr kleine Würfel schneiden und in die Suppe rühren.
– Mexikanisch: Eine weiche Avocado in kleine Würfel schneiden. Die Avocadowürfel mit etwas Limonensaft vermischen. Suppe mit einem halben Teelöffel Cumin und einer Prise Chili würzen. Avocadowürfel in die Suppe rühren, Suppe mit gehacktem Koriander bestreuen. Dazu passen knusprige Tortillachips.

Erbsencremesuppe

Für 2–3 Personen

1 EL Butter
1 EL Vollkorngrieß
500 ml Gemüsebrühe
2 Jungzwiebeln, feine Ringe
150 g tiefgefrorene junge Erbsen
1 gute Prise Muskat
1 TL Liebstöckel
abgeriebene Schale von $^{1}/_{4}$ unbehandelter Zitrone
2 EL Crème fraîche
$^{1}/_{2}$ - 1 TL Zitronensaft
Pfeffer
Salz
1 EL Petersilie, fein gehackt (auch tiefgekühlt)

1. Butter in einem kleinen Topf schmelzen, Grieß hinzufügen, unter Rühren anrösten. Mit Gemüsebrühe aufgießen.

2. Gemüsebrühe zugedeckt zum Kochen bringen. Erbsen, Jungzwiebeln, Muskat, Liebstöckel und Zitronenschale hinzufügen. Die Suppe zugedeckt 3 Minuten köcheln lassen.

3. Suppe mit Crème fraîche im Mixer oder mit dem Mixstab fein pürieren. Suppe mit Zitronensaft, Pfeffer und Salz abschmecken. Mit Petersilie bestreut servieren.

Mein Tip: Wenn Sie eine gekochte Kartoffel übrig haben, können Sie anstelle von Grieß auch die verwenden: Einfach in kleine Stücke schneiden, in Butter kurz anbraten und in der Suppe mitkochen. Das gleiche Rezept können Sie auch auf tiefgekühlten Blattspinat oder Brokkoli anwenden. Beim Brokkoli erhöht sich allerdings die Garzeit um 4 Minuten.

Misosuppe

Für 1 Person

Die klassische japanische Instantsuppe. Sie wird in Japan bereits zum Frühstück serviert und schmeckt den lieben langen Tag.
Miso ist eine vitalstoffreiche Paste aus fermentierten Sojabohnen und Getreide. Die darin enthaltenen verdauungsfördernden Milchsäurebakterien sind äußerst hitzeempfindlich. Miso darum erst am Ende der Garzeit in die Suppe rühren und die Suppe danach nicht mehr aufkochen.

125 ml Gemüsebrühe
125 ml Wasser
1 Karotte, dünne Scheiben
einige Brokkoliröschen
1/2 EL Miso
1 Frühlingszwiebel, feine Ringe

1. Gemüsebrühe mit 125 ml Wasser zum Kochen bringen.

2. Karottenscheiben und Brokkoliröschen in der Brühe in wenigen Minuten bißfest kochen.

3. Miso mit 1 Eßlöffel Wasser glattrühren. Suppe vom Herd nehmen, Miso einrühren. Die Suppe in eine Schale gießen, mit Frühlinsgzwiebeln garnieren.

Mein Tip: Die Suppe mit fein geriebenem frischem Ingwer würzen und mit geröstetem Sesam bestreuen.

Die schnellste Tomatensuppe

Für 2–3 Personen

In der Kürze (der Garzeit) liegt die Würze bei dieser fruchtigen Suppe. Schlagen Sie zu, wenn im Sommer die prallen, reifen Tomaten endlich im Sonderangebot sind. Kochen Sie einen großen Topf Suppe; sie eignet sich zum Einfrieren.

600 g Tomaten, Stücke
1/2 Zwiebel, Stücke
1 Knoblauchzehe
50 g Butter
1 TL Oregano
1 - 2 TL Instant-Gemüsebrühe
Pfeffer
2 EL Basilikum, fein geschnitten (auch tiefgefroren)

1. Tomaten, Zwiebel und Knoblauch im Mixer oder mit dem Mixstab fein pürieren.

2. Tomatensuppe mit Butter zum Kochen bringen, mit Oregano, Gemüsebrühe und Pfeffer würzen.

3. Suppe zugedeckt 4 Minuten köcheln, mit Basilikum bestreut servieren.

Mein Tip: Viel Abwechslung mit wenig Aufwand:
– Kleine Zucchiniwürfel in etwas Butter unter Rühren kurz anbraten. Gemüse in die Suppe geben, 2 Eßlöffel Crème fraîche unterrühren.
– Champignonscheiben in Olivenöl kurz anbraten und in die Suppe rühren. Parmesan dazu reichen.
– Crème fraîche mit Sauerrahm verrühren. Die Suppe portionsweise mit Cremehäubchen servieren.

Kretische Hirtenspeise

Für 2–3 Personen

Für Campingfreunde und Gartenhausbesitzer mit einflammigem Gaskocher, für Menschen mit chronisch leerem Kühlschrank und selbstverständlich für alle, die in kürzester Zeit etwas Deftiges im Magen haben möchten, ist die Eierspeise aus den wilden griechischen Bergen ein Hit.
Diese archaische Eierspeise, ein Mittelding zwischen Rührei mit Käse und Käsesauce mit Ei, ist leicht flüssig und wird mit reichlich Brot vertilgt, weshalb man auch aufs Besteck verzichten kann – ganz stilecht, gar nicht fein, dafür aber köstlich.

3 Eier
1 EL Butter
200 g Schafskäse, Würfel
Pfeffer
viel lockeres Weizenvollkornbrot oder griechisches Fladenbrot

1. Die Eier verquirlen. Butter in einer gußeisernen Pfanne oder in einer beschichteten Pfanne unter Rühren schmelzen. Schafskäse hinzufügen, unter Rühren schmelzen lassen.

2. Die Eier unterrühren. Unter Rühren kurz erhitzen, bis sich die Eier mit dem Käse verbinden und leicht stocken, mit Pfeffer würzen.

Gegrillter Schafskäse mit Olivensalsa

Für 4 Personen

Wenn die Zeit knapp wird, können Sie Knoblauch, Zwiebeln und frische Kräuter durch eine tiefgekühlte italienische Kräutermischung ersetzen. – Gut, wenn Sie die immer zu Hause haben.

600 g Schafskäse, 1,5 cm dünne Scheiben
10 große schwarze Oliven, feine Scheibchen
10 große, mit Paprika gefüllte, grüne Oliven, feine Scheibchen
1 Tomate, kleine Würfel
2 Knoblauchzehen, fein gehackt
2 EL Olivenöl
1 TL Essig
1 EL Zitronen- oder Limonensaft
1/2 TL Oregano
1 Prise Chili
Salz
1 kleine rote Zwiebel, feine Ringe
1 EL frischer Koriander oder Petersilie, fein gehackt (auch tiefgekühlt)

1. Schafskäse auf ein kleines Backblech legen. Im Backofen auf beiden Seiten etwa 2 Minuten grillen. Der Käse ist fertig, wenn sich auf der Oberfläche kleine goldbraune Pünktchen bilden.

2. Oliven, Tomaten und Knoblauch mit Öl, Essig und Zitronensaft vermischen. Salsa mit Oregano und Chili würzen, mit Salz abschmecken.

3. Schafskäse portionsweise anrichten. Salsa darauf verteilen. Mit Zwiebelringen, Koriander oder Petersilie bestreuen.

Mein Tip: Pittabrote, gefüllt mit gegrilltem Schafskäse, ein leckerer Partysnack: Brote im Ofen aufbacken, bis sie sich aufblähen. Eine Tasche in die Brote schneiden, mit gegrilltem Schafskäse, Salsa, fein geschnittenem Salat, Tomaten, Gurken und Paprika füllen.

Spanische Spiegeleier

Für 2 Personen

Als ich sehr jung mit einem kleinen Rucksack und wenig Geld durch Spanien reiste, waren die »Huevos con tomates« eine erschwingliche und sättigende Speise. Für mich immer wieder bemerkenswert, wie sich das flüssige Eigelb mit der Tomatensauce aufs köstlichste verbindet. Selbstverständlich braucht man zum Auftunken reichlich Weißbrot. Hier meine Blitzversion dieses Dauerbrenners auf den Speisekarten einfacher andalusischer Restaurants.

3 Tomaten, große Stücke
1 Knoblauchzehe
3 EL Olivenöl
½ TL Oregano
Salz
Pfeffer
2 - 4 Eier

1. Mit dem Mixstab Tomaten, Knoblauch, 2 Eßlöffel Olivenöl und Oregano fein pürieren.

2. Die Sauce in einem kleinen Topf erhitzen, mit Salz und Pfeffer abschmecken, in drei Minuten etwas einkochen.

3. 1 Eßlöffel Öl in einer Pfanne erhitzen. Spiegeleier braten.

4. Spiegeleier mit Tomatensauce portionsweise anrichten.

Spinatfrittata

Für 2 Personen

2 EL Olivenöl
200 g tiefgekühlter Blattspinat, angetaut, Stücke
4 Eier
1 Päckchen tiefgekühlte italienische Kräuter
Salz
Pfeffer

1. Olivenöl in einer gußeisernen oder beschichteten Pfanne erhitzen. Spinat kurz unter Rühren anbraten.

2. Die Eier verquirlen, mit den italienischen Kräutern vermischen, mit Salz und Pfeffer abschmecken.

3. Eier über den Spinat gießen, stocken lassen. Die Fritatta auf beiden Seiten goldbraun braten.

Mein Tip: Frittata – ein Grundrezept, unzählige Variationen:
– dünne Lauchringe, Zucchini- oder Champignonscheiben, schnell unter Rühren braten und mit verquirltem Ei aufgießen.
– gekochten, grünen Spargel in 3 cm lange Stücke schneiden, mit dem Ei vermischen.
– fertige Frittata mit geriebenem Parmesan und feingeschnittenem Basilikum bestreuen.
– fertige Frittata mit Salsa »Santa Fe« (S. 25) bestreichen, mit bröseligem Schafskäse bestreuen.

Gebratene Bananen mit Pfirsichsalat

Für 1 Person

1/2 EL Butter
1 Banane, längs halbiert
1/2 EL Kokosflocken
Saft von 1 Orange
1 TL Honig
1 gute Prise Zimt
2 Pfirsiche, kleine Schnitze
einige Himbeeren

1. Butter in einer beschichteten oder einer gußeisernen Pfanne schmelzen. Banane auf beiden Seiten etwa 2 Minuten braten, mit Kokosflocken bestreuen.

2. Orangensaft mit Honig und Zimt verrühren. Die Pfirsichschnitze mit der Sauce vermischen.

3. Bananen mit dem Pfirsichsalat anrichten, mit Himbeeren garnieren.

Mein Tip: Mit Früchtchen aus der Kälte sind Sie bestens gerüstet, wenn spät abends der große Hunger nach etwas Süßem ausbricht: 300 g aufgetaute Erd- oder Himbeeren mit einem Teelöffel Honig und dem Saft von einer halben Orange mit dem Mixstab fein pürieren. Die Fruchtsauce durch ein Sieb passieren. Die gebratenen Bananen mit der Sauce umgießen.

Ananas mit Mandelcreme und Crunchy Müsli

Für 2–3 Personen

500 g Ananas, dünne Scheiben
100 ml Sahne
100 g Joghurt
2 Päckchen Naturvanillezucker
1 TL brauner Zucker
2 EL Mandelmus
4 EL Crunchy Müsli

1. Ananas portionsweise anrichten.

2. Sahne steifschlagen. Mit dem Handrührgerät Joghurt mit Vanillezucker, braunem Zucker und Mandelmus glattrühren. Die Masse unter die Sahne heben.

3. Mandelcreme auf den Ananas verteilen, mit Crunchy Müsli bestreuen.

Mein Tip: Wie wär's zur Abwechslung mit gebackenen Ananas mit Mandelcreme? Dieses heiße Gericht macht genauso wenig Arbeit; Sie brauchen aber etwas mehr Zeit dafür. Ananasscheiben nebeneinander in eine flache, mit Butter ausgestrichene Auflaufform legen. Mit zwei Eßlöffel Mandelsplittern und Butterflöckchen bestreuen, im vorgeheizten Ofen bei 200 °C 15 Minuten überbacken. Mandelcreme und Crunchy Müsli zu den gebackenen Ananas reichen.

Erdbeerkaltschale

Für 1 Person

150 ml Milch
100 g Joghurt
1/2 Päckchen Naturvanillezucker
200 g Erdbeeren, halbiert

1. Milch und Joghurt glattrühren, mit Vanillezucker aromatisieren. Die Flüssigkeit in einen tiefen Teller gießen.

2. Erdbeeren in die Joghurt-Milch streuen.

Mein Tip: Wenn im Hochsommer schon das Kauen zu anstrengend ist, sind fruchtige Kaltschalen angesagt:
– Blaubeeren in prickelnde Sauermilch streuen.
– Buttermilch, Joghurt und etwas Honig verrühren, Himbeeren untermischen.
– Melonenkugeln, Pfirsichstückchen und Aprikosenscheibchen in zimtgewürzte Joghurt-Milch geben.

French Toast

Für 1 Person

In den USA wird French Toast mit Vorliebe zum Frühstück serviert, begossen mit aromatischem Ahornsirup. Aber auch als schnelles, süßes Mittag- oder Abendessen sind die gebackenen Brote goldgelb richtig.

100 ml Milch
1 Ei
Salz
2 Scheiben Vollkorntoast
1/2 EL Butter
Honig oder Marmelade

1. Milch, Ei und Salz mit einer Gabel in einem Suppenteller verrühren.

2. Brotscheiben darin wenden, etwas durchziehen lassen.

3. Butter in einer kleinen beschichteten oder gußeisernen Pfanne erhitzen. Brote auf beiden Seiten knusprig goldbraun braten. Mit Honig oder Marmelade bestreichen.

Mein Tip: Wer seine Geschmacksvorlieben auf der pikanten Seite angesiedelt hat, streut feine Schnittlauchröllchen auf den French Toast. Auch geriebener Käse, Tomaten- und Paprikawürfel passen zu den gebackenen Brotscheiben.

Cornflakes mit Bananenflip und Melonen

Für 2–3 Personen

400 g Joghurt
2 Bananen, Stücke
Saft von 2 Orangen
1 EL Honig
1 Prise Zimt
abgeriebene Schale von 1/4 unbehandelter Zitrone
1/2 Zuckermelone mit orangerotem Fruchtfleisch
100 g Cornflakes

1. Mit dem Mixstab Joghurt mit Bananenstücken, Orangensaft, Honig, Zimt und abgeriebener Zitronenschale pürieren.

2. Aus dem Melonenfleisch mit einem Ausstecher Kugeln formen oder das Melonenfleisch in kleine Stücke schneiden.

3. Bananenflip in Portionschüsseln gießen. Melonenkugeln dazugeben. Die Cornflakes in einem extra Schälchen dazu reichen. Sollen die Cornflakes knusprig bleiben, immer nur soviel Cornflakes über den Flip streuen, wie Sie mit einem Löffel essen können.

Mein Tip: Im Sommer sind Pfirsich- und Aprikosenflips ganz besonders köstlich: 200 g Pfirsich- oder Aprikosenstücke mit Joghurt und Orangensaft pürieren. Oder statt Orangensaft den süßeren Mandarinensaft untermischen und mit Naturvanillezucker aromatiseren.